TAREAS DE UN PERRO DE TRABAJO

PERRO DE SERVICIO

Un libro de Las Ramas de Crabtree

Escrito por B. Keith Davidson
Traducción de Santiago Ochoa

CRABTREE
Publishing Company
www.crabtreebooks.com

Apoyo escolar para cuidadores y maestros

Este libro de alto interés está diseñado para motivar a los estudiantes dedicados con temas atractivos, mientras desarrollan la fluidez, el vocabulario y el interés por la lectura. A continuación se presentan algunas preguntas y actividades para ayudar al lector a desarrollar sus habilidades de comprensión.

Antes de leer:

- *¿De qué pienso que trata este libro?*
- *¿Qué sé sobre este tema?*
- *¿Qué quiero aprender sobre este tema?*
- *¿Por qué estoy leyendo este libro?*

Durante la lectura:

- *Me pregunto por qué...*
- *Tengo curiosidad de saber...*
- *¿En qué se parece esto a algo que ya conozco?*
- *¿Qué he aprendido hasta ahora?*

Después de leer:

- *¿Qué intentaba enseñarme el autor?*
- *¿Cuáles son algunos detalles?*
- *¿Cómo me ayudaron las fotografías y los pies de foto a entender más?*
- *Vuelve a leer el libro y busca las palabras del vocabulario.*
- *¿Qué preguntas tengo aún?*

Actividades de extensión:

- *¿Cuál fue tu parte favorita del libro? Escribe un párrafo sobre ella.*
- *Haz un dibujo de lo que más te gustó del libro.*

ÍNDICE

¿Qué hace que un perro sea un perro de servicio?

Un perro de servicio es cualquier perro que realiza un trabajo o una tarea para ayudar a una persona que tiene una **discapacidad** física o mental.

Estas tareas pueden ser cualquier cosa, desde guiar a las personas por una acera hasta olfatear cambios en la salud de una persona.

Gran danés

Chihuahua

Cualquier perro puede ser un perro de servicio, desde un gran danés gigante hasta un pequeño chihuahua.

¿Cómo puedo saber si un perro es un perro de servicio?

La gente suele reconocer a los perros de servicio por los chalecos que algunos llevan. Sin embargo, los perros de servicio no son los únicos que llevan chalecos. También lo hacen los perros de terapia y los perros de las cortes.

También hay perros de servicio que no llevan chaleco. Los perros de audición y los de alerta médica no necesitan llevarlos siempre.

DATO

Muchos perros de audición tienen correas especiales, capas o chaquetas en lugar de chalecos.

Entonces, ¿cómo puedes saber si un perro es un perro de servicio? Echa un vistazo. ¿El perro está realizando alguna tarea o ayudando a una persona con discapacidad? ¿El perro está tranquilo y centrado en su **propietario**?

Si la respuesta a ambas preguntas es afirmativa, se trata de un perro de servicio. Sin embargo, es importante recordar que no siempre es posible ver que una persona tenga una discapacidad.

Más de 80 millones de estadounidenses utilizan algún tipo de perro de servicio.

Sirviendo en la comunidad

Mucha gente piensa que los perros son bonitos y juguetones, pero los perros de servicio tienen trabajos que hacer. Los perros de servicio ayudan a sus propietarios a vivir y a trabajar con seguridad. No acaricies ni distraigas a un perro de servicio mientras está trabajando.

Distraer a un perro de servicio puede ser extremadamente peligroso para la persona que necesita su ayuda.

DATO

Los perros de servicio no solo están entrenados para escuchar órdenes, sino para rechazar órdenes inseguras.

Tipos de perros de servicio

Perros guía

Los perros guía ayudan a las personas total o **parcialmente** ciegas a orientarse. También se les conoce como perros lazarillos. Estos perros de servicio se utilizaron por primera vez en Alemania a principios del siglo XX, después de que muchos soldados quedaran ciegos durante la Primera Guerra Mundial.

Muchos de los primeros perros guía eran pastores alemanes. Sin embargo, hoy en día los criadores eligen sobre todo golden retrievers o labradores.

Los perros guía y sus propietarios trabajan juntos para desplazarse de un lugar a otro.

Perros de audición

Los perros de audición utilizan sus oídos para ayudar a las personas sordas o con problemas de audición. Estos perros escuchan cosas como alarmas de incendio, temporizadores de cocina, niños que lloran y timbres.

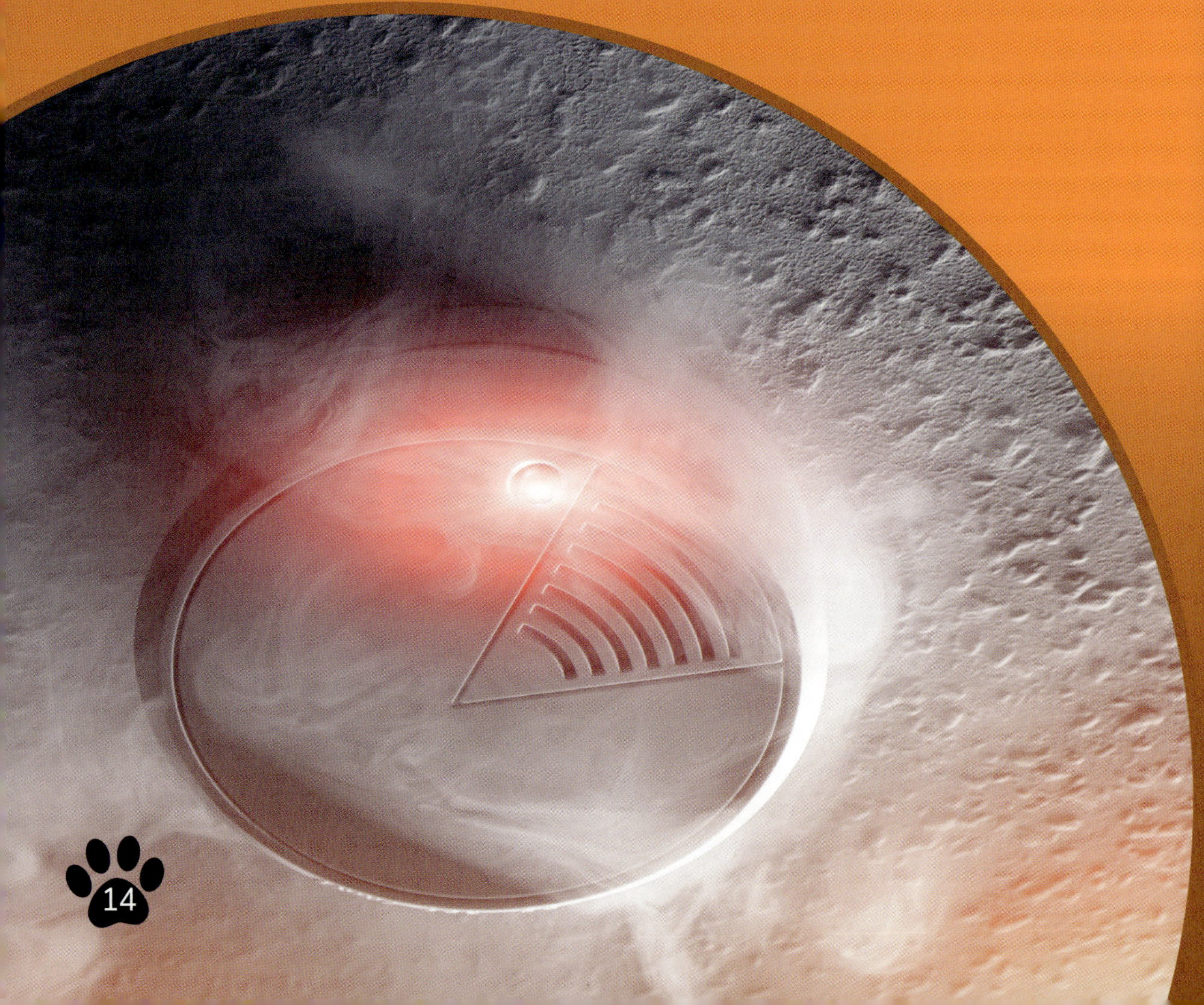

Si se produce una alerta de emergencia, los perros de audición avisan a sus dueños del peligro. Un perro de audición puede ser de cualquier raza, siempre que sea inteligente y centrado.

DATO

Los perros de audición no ladran para llamar la atención. En cambio, están entrenados para alertar físicamente a sus propietarios. Pueden empujar a la persona con su hocico, lamerla o tocarla con sus patas.

Perros de movilidad

Los perros de movilidad son animales de servicio entrenados para ayudar a las personas a moverse. No guían a sus propietarios como los perros guía. En cambio, ayudan a las personas a mantener el equilibrio y a caminar de un lugar a otro. Normalmente son razas más grandes, como el san bernardo o el gran danés. Esto se debe a que la gente suele apoyarse en ellos.

Algunos perros de movilidad ayudan a las personas que utilizan silla de ruedas. Estos perros van a buscar cosas y ayudan a las personas en silla de ruedas a moverse.

DATO Los perros de movilidad pueden abrir frigoríficos, llevar las compras y realizar toda una serie de tareas cotidianas.

Perros de alerta médica

Los perros de alerta médica advierten de problemas médicos inminentes, como convulsiones o cambios en el nivel de azúcar en la sangre. Estos perros notan ligeros cambios en el cuerpo de sus propietarios y entran en acción para alertarlos antes de que se produzca un problema médico. Ayudan a sus propietarios a evitar lesiones graves e incluso la muerte.

Algunos perros de alerta médica son utilizados por personas con alergias graves. Olfatean cualquier **alérgeno** para ver si es seguro que su dueño haga ciertas cosas, como por ejemplo, entrar a una habitación, utilizar una computadora pública o comer en un restaurante.

Los perros de alerta médica pueden oler rastros de alérgenos y avisar a sus propietarios.

Los perros de alerta médica pueden ser adiestrados para avisar a sus propietarios de diversas maneras, como dando zarpazos, empujones o ladridos.

Los perros anticonvulsivos son perros de alerta médica que pueden detectar cambios químicos en el cuerpo de sus propietarios. Detectan las convulsiones minutos antes de que se produzcan y alertan a sus propietarios.

Perros de servicio psiquiátrico

Estos perros de servicio ayudan a las personas con problemas de salud mental. Pueden eliminar posibles **desencadenantes** de un entorno o alertar a las personas de que se avecinan ataques de pánico.

Los perros de servicio psiquiátrico también pueden recordar a las personas de la medicación e interrumpir los **comportamientos** repetitivos o perjudiciales. Estos perros deben estar tranquilos y atentos. La raza no importa.

Los perros de servicio psiquiátrico pueden encender las luces y entrar primero a una habitación para ayudar a calmar la ansiedad de una persona.

¿Cómo elegir el cachorro perfecto?

Los adiestradores buscan cachorros tranquilos para convertirlos en perros de servicio. Un futuro perro de servicio debe estar alerta y dispuesto a complacer a su cuidador.

DATO

Los perros de servicio deben tener al menos 6 meses de edad para empezar a trabajar.

El periodo de adiestramiento de un perro de servicio comienza muy pronto, a veces incluso desde el nacimiento. Sin embargo, no es necesario que empiece cuando es un cachorro. Si tiene el **temperamento** adecuado, un perro de rescate mayor puede ser un gran perro de servicio.

Adiestramiento

Cualquiera puede adiestrar a los perros de servicio, pero la mayoría de los perros de servicio es adiestrada por profesionales que han completado cursos y han obtenido un certificado.

Adiestrar a un perro de servicio puede costar más de 25 000 dólares. El costo depende del trabajo que vaya a realizar para su cuidador.

Un perro de servicio promedio necesita al menos 120 horas de entrenamiento y 30 horas de práctica en público.

Los perros de servicio son héroes

¡Los perros de servicio ayudan a los veteranos!

Los primeros perros de servicio se utilizaron para ayudar a los **veteranos** de la Primera Guerra Mundial que habían perdido la vista. Hoy en día, siguen ayudando a los veteranos que regresan de la guerra.

Los perros de servicio ayudan a los veteranos a lidiar con el **TEPT**, la pérdida de audición y los problemas de movilidad.

DATO Los perros de servicio pueden despertar a una persona que tiene una pesadilla y ayudarla a calmarse.

Los perros de servicio son salvavidas

Los perros de servicio encajan cuidadosamente con sus dueños. Tienen vínculos profundos y dependen el uno del otro.

Un perro de servicio puede ser entrenado para llevar un teléfono portátil a su dueño en caso de emergencia.

Los perros de servicio son salvavidas para sus dueños. Les ayudan a mantenerse a salvo y les permiten llevar una vida más independiente.

Glosario

alérgeno: Sustancias que provocan reacciones alérgicas en las personas.

comportamientos: Cosas que hacen las personas o los animales.

desencadenantes: Causantes de que algo ocurra.

discapacidad: Una condición, ya sea mental o física, que impide a una persona realizar una o más tareas de su vida cotidiana.

parcialmente: No completamente, o que solo tiene parte de algo (por ejemplo, parcialmente ciego significa que la persona tiene algo de vista).

propietario: Personas que tienen y utilizan perros de servicio.

temperamento: Naturaleza de una persona o animal, especialmente su forma de actuar o responder.

TEPT: Significa Trastorno de Estrés Postraumático, una condición de salud mental que afecta a las personas que han vivido eventos difíciles e impactantes.

veteranos: Soldados que sirvieron en el ejército o en el servicio naval o aéreo y fueron dados de baja, o ya no forman parte del servicio activo.

Índice analítico

Sitios web para visitar

https://kids.kiddle.co/Service_animal

https://easyscienceforkids.com/all-about-guide-and-service-dogs

www.kidzworld.com/article/24593-all-about-assistance-dogs

Sobre el autor

B. Keith Davidson

B. Keith Davidson creció rodeado de perros, y siempre le han fascinado los vínculos que comparten los humanos y estas criaturas tan especiales. Los beagles son sus perros favoritos, aunque sean testarudos y frustrantes. Tiene una maestría en Historia de Canadá por la Universidad de Carleton.

CRABTREE
Publishing Company

Written by: B. Keith Davidson
Designed by: Jennifer Dydyk
Edited by: Kelli Hicks
Proofreader: Janine Deschenes
Translation to Spanish: Santiago Ochoa
Spanish-language layout and proofread: Base Tres
Print coordinator: Katherine Berti

Photographs: Cover illustration of Dog(also on title page) © Nevada3, photo of dog © Jose Luis Stephens, woman © Pixel-Shot, Page 4 Golden retriever © parsobchai Ngammoa, inset photo © MintImages, Page 5 top photo © Africa Studio, Great Dane © ButtermilkgirlVirginia, chihuahua © Microfile.org, Page 7 top photo © Monkey Business Images, bottom photo © Shine Caramia, Page 8 © SasaStock, Pages 9 and 10 © Africa Studio, Page 11 top photo © Cari Rubin Photography, bottom photo © Tim photo-video, Page 12 © Akimov Igor, Page 13 top photo © SasaStock, bottom photo © Pixel-Shot, Page 14 © r.classen, Page 15 dog © Pop Paul-Catalin, alarm © Dzm1try, Page 16 © ButtermilkgirlVirginia, Page 17 top photo © Jose Luis Stephens, bottom photo © Belish, Page 18 © WilleeCole Photography, Page 19 peanuts © Euripides, dog © BublikHaus, Page 20 top photo © aerophoto, bottom photo © GingerKitten, Page 21 © Igor Normann, Page 22 © Nina Buday, Page 23 top photo © GrungyBit, bottom photo © goodbishop, Page 24 © Belish, Page 25 top photo © IDN, bottom photo © Belish, Page 26 © PEPPERSMINT, Page 27 top photo © Trong Nguyen, bottom photo © ja-images, Page 28 top photo © Clare Louise Jackson, bottom photo © Big Bambi Productions, Page 29 top photo © Vitaly Titov, bottom photo © Africa Studio. All images from Shutterstock.com except page 6 © David Walsen https://creativecommons.org/licenses/by-sa/3.0/deed.en

Library and Archives Canada Cataloguing in Publication

Available at the Library and Archives Canada

Library of Congress Cataloging-in-Publication Data

Available at the Library of Congress

Published in the United States
Crabtree Publishing
347 Fifth Avenue
Suite 1402-145
New York, NY, 10016

Published in Canada
Crabtree Publishing
616 Welland Ave.
St. Catharines, ON
L2M 5V6

Crabtree Publishing Company
www.crabtreebooks.com 1-800-387-7650

In Canada: We acknowledge the financial support of the Government of Canada through the Canada Book Fund for our publishing activities.

Printed in the U.S.A./062022/CG20220124